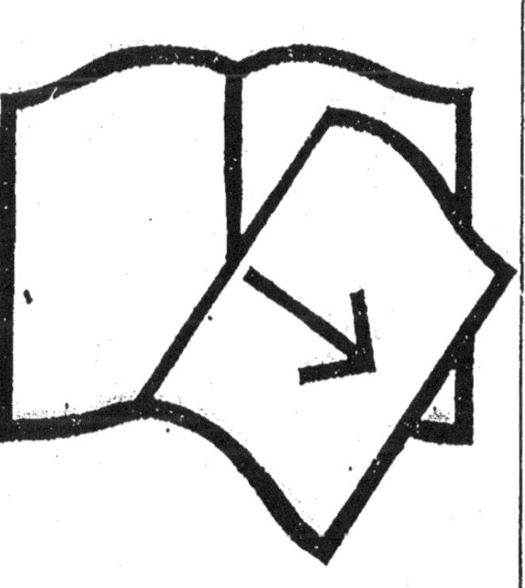

Couverture inférieure manquante

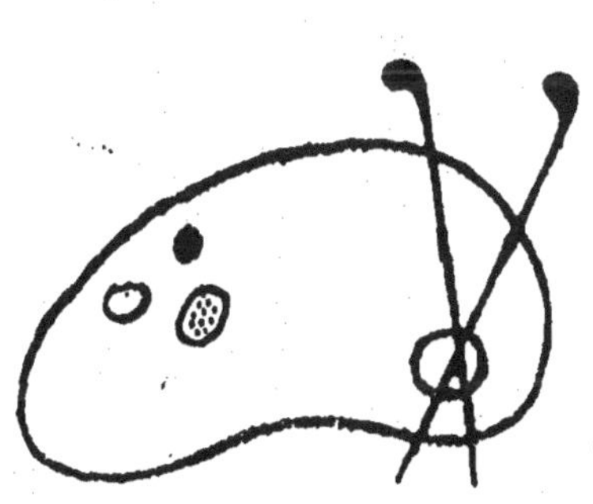

Début d'une série de documents
en couleur

LES
VIERGES DE PARIS

LEUR

DOMICILE, NUMÉRO ET NOM DES RUES
QU'ELLES HABITENT

PAR

J. DE M.

PARIS

VIC ET AMAT, Libraires-Éditeurs,

CHARLES AMAT, Successeur,

11, rue Cassette, 11.

1899

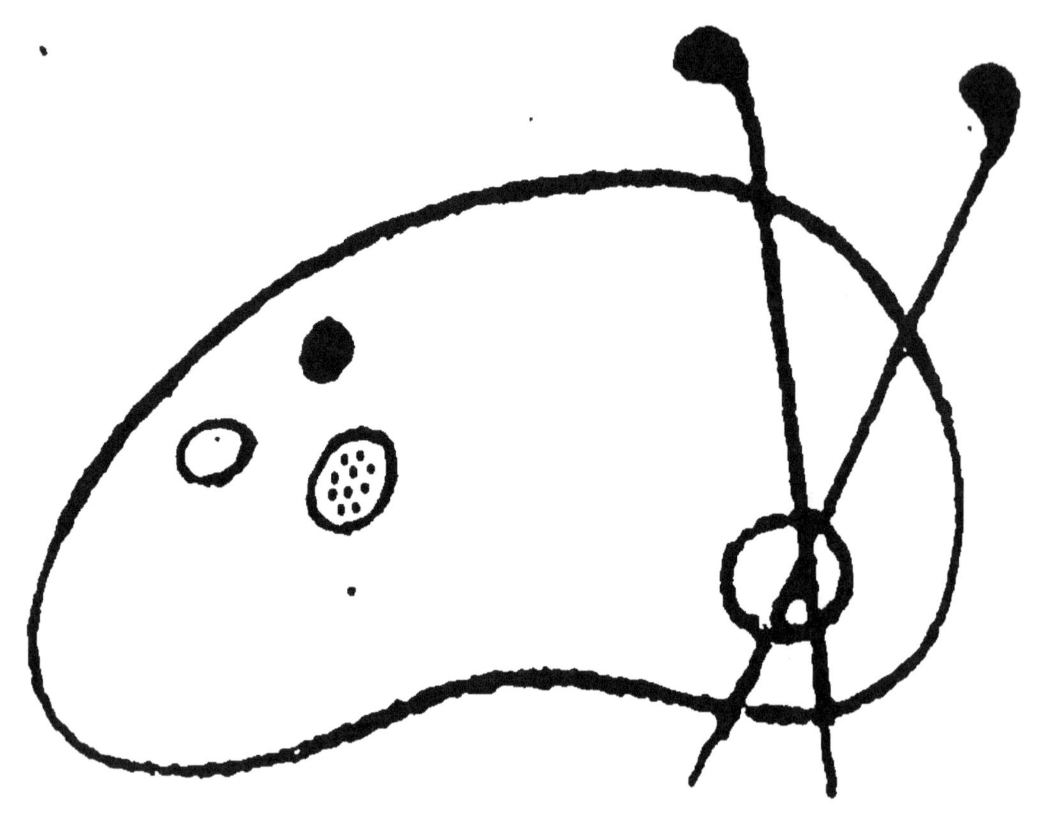

Fin d'une série de documents
en couleur

LES VIERGES DE PARIS

LES
VIERGES DE PARIS

LEUR

DOMICILE, NUMÉRO ET NOM DES RUES
QU'ELLES HABITENT

PAR

J. DE M.

PARIS

VIC ET AMAT, Libraires-Éditeurs,

CHARLES AMAT, Successeur,

11, rue Cassette, 11.

—

1899

AVANT-PROPOS

Un jour d'hiver, perché sur l'impériale d'un omnibus roulant dans une atmosphère glaciale, le cœur aussi triste que le temps, nous fûmes, tout à coup, comme ravi en extase par l'apparition de la statue d'une Vierge Marie coquettement placée au coin des rues Turenne et Villardouin, à la hauteur du premier étage.

Comme si l'immaculée Vierge elle-même nous eût apparu, cette vue fut pour nous d'une suavité si attrayante que nous prîmes la résolution de connaître toutes les statues en façade dans la capitale.

Mais quel travail pour arracher à ces reliques de la foi de nos pères leur secret et l'histoire de leur existence !

Interroger les vieilles traditions, les pierres, les livres, les ruines; soulever la poussière des parchemins, et recourir à des éléments aussi multiples que variés, telle a été notre tâche. Aussi notre œuvre est historique et pieuse tout à la fois.

Que Dieu daigne la bénir, par l'intercession de Marie, à laquelle nous pouvons ici appliquer ce que dit la *Sagesse* : « Dans leurs rues elle se montre à eux toute gracieuse ! *In viis ostendit se hilarem.* »

Nous avons suivi l'ordre de l'ancienneté de l'érection de ces statues. Nous signalerons à la fin de ce travail celles érigées depuis le commencement du siècle. Nous avons fait les mêmes recherches pour les statues des saints, les enseignes et signes religieux. La dépense est cause que nous ne pouvons les livrer à l'impression.

NOTION HISTORIQUE

Tout le monde sait qu'au moyen âge les commerçants avaient, sur la devanture de leur magasin, une enseigne qui remplaçait avantageusement les numéros dont on se sert à notre époque.

Or, la plupart de ces enseignes étaient religieuses. Ainsi la rue des Lombards, une des plus anciennes de la ville, avait dix-sept enseignes religieuses sur vingt-deux maisons à droite et vingt autres sur vingt-cinq immeubles à gauche.

Mais les embellissements successifs autant que la Révolution firent disparaître peu à peu tous ces témoins de la piété du moyen âge.

C'est un vrai prodige, prodige d'adresse et de dévotion, comme le reconnaît M. Fournier dans son livre des *Rues de Paris*, si un grand nombre de ces statues ont bravé les injures du temps ou les perturbations sociales.

Les détails qui suivent ne sont dans aucun livre. Ils nous sont personnels et complètement inédits.

Daigne la Vierge éternellement bénie jeter un regard de protection sur les louanges que nous sommes heureux de chanter ici en son honneur!

LES VIERGES DE PARIS

I

VIERGE DE LA RUE DU FAUBOURG-SAINT-ANTOINE, N° 191.

En 1198, le prédicateur de la IV° Croisade, l'abbé Foulques, établissait à cet endroit la congrégation des Bernardines. Au frontispice de l'abbaye, brillait, dans son manteau blanc argenté, une petite statuette de la Vierge.

En 1770, le monastère fut restauré, mais la Révolution allait le mettre en ruines. Un propriétaire sauva la statue. Pour la première fois, un écrivain, s'occupant des statues religieuses, nous assure que : *la charmante statue* qui jusqu'en 1844 servait d'enseigne à la boulangerie du n° 191 de la rue du Faubourg-Saint-Antoine, provient de l'abbaye de Saint-Antoine des Champs, et qu'elle fut achetée en 1790.

Comme le soleil qui ne vieillit pas, la statue de Marie semble toute nouvelle. Elle sourit tout particulièrement aux passants, placée bien en vedette sur la petite marquise de la boulangerie, et les passants admirent l'argent dont elle paraît pétrie.

II

VIERGE DE LA RUE DE BEAUREGARD, N° 25.

Il y a deux statues dans cette rue. Toutes deux sont protégées par une porte vitrée. Celle du n° 25 est, de plus, ornée de fleurs toujours fraîches.

Le Jésus, qu'elle porte dans ses bras, bénit les passants. Son apparition sur cette colline de Montorgueil date du xii° siècle. Elle fut si vivement acclamée qu'on la désigna sous le nom de Bonne Nouvelle, de là, le nom du boulevard et de la rue.

Que vos prières multiplient les bonnes nouvelles pour le salut de l'Église et de la France, ô Marie !

III

VIERGE DE LA RUE DE LA HARPE, N° 19.

Nous sommes au quartier latin. En 1212, dans l'église de l'Université, là où les chirurgiens tiennent leurs réunions, il y a une statue de la Vierge, tout particulièrement honorée.

L'église, en 1300, fut reconstruite par les Cordeliers qui placèrent la statue dont nous parlons sur la façade de leur monastère.

Quand les religieux furent dispersés et que leur monastère devint une maison de rapport, la rue fut alignée avec la façade du couvent et la Vierge demoura sur son trône primitif.

C'est une Vierge-Mère, haute de 50 centimètres, tenant l'Enfant-Jésus sur ses mains. Elle est en marbre et très artistiquement ciselée.

IV

VIERGE DE LA RUE DES CANETTES, N° 17.

Il y avait là, en 1260, un couvent des Filles du Précieux-Sang. Elles avaient fait placer une statue de la Vierge, sur la porte de leur monastère.

Cette statue fut renversée en 1793, mais dès 1808 on en plaçait une seconde, mutilée de nouveau en Juillet 1830.

Le propriétaire d'alors ne se découragea pas, et une troisième statue, celle qui existe aujourd'hui, vint braver de nouveau les ravages des révolutions.

Au point de vue architectural, la statue n'a, je crois, aucun mérite. C'est une Immaculée-Conception en pierre, bien indigne des fameux *Canetons* qui sont à côté. Mais, ce qui est à remarquer ici, c'est que le propriétaire actuel de l'immeuble n'a pu acheter la maison qu'en mettant au bas du contrat cette clause : qu'il ne laisserait jamais la maison sans une statue de la Vierge pendant toute sa gestion.

M. Salliens, le propriétaire actuel, est le directeur de la Société des Sauveteurs de la Seine. Il se fait gloire de conserver à la dévotion des passants ce témoignage de l'amour envers Marie.

V

VIERGE DE LA RUE DE VANVES, N° 102.

L'histoire des Rues de Paris constate qu'à cet endroit existait en 1330 un moulin, sur le portail duquel on avait élevé un petit oratoire à la Vierge. La rue qui s'aligna prit le nom de « Moulin de la Vierge ». Elle existe encore. La statue actuelle, qui ornait, alors, l'oratoire, est en bois. Une grille en fonte l'entoure complètement. Depuis quand a-t-elle pris possession de sa niche actuelle? on ne saurait le dire. Trois têtes d'anges sculptées dans la pierre, très endommagées par le temps, et qui forment un soubassement artistique, sont des témoins irréfutables de sa vétusté.

Quand le printemps attache aux branches

les feuilles et les fleurs, la statuette, car elle est très petite (50 centimètres environ), se voit entourée de verdure et de glycines, grimpant à ses pieds. Si elle n'est pas la *Flos Campi*, elle est du moins la statuette des fleurs.

VI

VIERGE DE LA RUE DES ROSES, N° 13, ET COIN DE LA RUE DE LA MADONE

En l'année 1340, après une épidémie qui avait longtemps décimé le quartier déjà si populeux de la Chapelle, les habitants de Saint-Denis, préservés du fléau, firent, en union avec leurs voisins, le vœu de placer une statue de la Vierge sur le chemin qui reliait leurs villages. La statue était en bordure sur ce chemin qui fit place plus tard à la maison contre laquelle fut suspendue la statue. C'est une Vierge-Mère bien drapée dans toute l'étendue de son corps virginal. A son côté trône l'Enfant-Jésus qui tient la boule du monde de sa main droite.

De misérables mutilations ont sans doute inspiré à quelque obscur maçon des réparations sur le visage du Jésus; car ses traits sont abominablement déformés, tout à l'encontre de ceux de la Vierge.

Depuis, la statue a été entourée d'une grille, le soubassement en maçonnerie porte deux lettres gravées *C* et *O ;* nous pensons qu'elles rappellent les initiales de l'ouvrier.

VII

VIERGE DE LA RUE CHARLES V, N° 16.

Tout contribue à faire ignorer cette riche statue.

Elle est toute petite, noircie par le temps et cachée par une devanture qui la masque à moitié.

Elle date de 1370. Son origine est royale. Charles V en fut le possesseur et les religieuses de Saint-Thomas, installées dans le vieil hôtel Saint-Paul, l'avaient reçue en héritage.

Aujourd'hui elle domine la boutique d'un

marchand de vins qui a pris cependant pour enseigne *A la Vierge*.

Si la piété est bonne à tout, nous ajouterons qu'elle peut se loger partout.

VIII

VIERGE DE LA RUE BERGER, N° 4.

C'est une des plus petites statues mais combien riche en sculpture! Sa niche boisée est constellée d'étoiles d'or sur un fond d'azur. Sur la foi du propriétaire, nous donnons l'année 1420 comme celle de son érection. D'après lui, cette statue ornait un des piliers de l'église de Notre-Dame-du-Bois bâtie où s'élève aujourd'hui la fontaine des Innocents dans la rue Berger.

Toute en marbre et restaurée depuis peu de temps, elle attire le regard des passants. Ce quartier des *Halles centrales* avait vraiment besoin que la Vierge eût son trône là où Paris s'agite avec tant de promiscuité.

IX

VIERGE DE LA RUE BEAUREGARD, N° 32.

En 1522, c'était un point culminant des plus pittoresques que la colline de Montorgueil; et elle possédait sa statue de Marie.

En l'année 1550, le 28 août, un sieur Richard Champion, maître maçon, achetait l'immeuble à côté duquel s'élevait la statue de la Vierge avec obligation de la conserver.

En 1630, on y installe la communauté des Filles de la petite Union chrétienne avec mission d'y soigner nos soldats blessés.

En 1682, l'ouverture des Invalides rendit cette œuvre inutile, on y fonda une maison pour jeunes filles repenties.

En 1790, elle devint propriété nationale et en 1822 un hôtel de rapport.

Malgré ces bouleversements, la statue est restée. Les vissicitudes humaines ne l'atteignent pas. Mieux que le héros antique, Marie est impavide au milieu des tourmentes sociales. Demandons-lui la paix.

X

VIERGE DE LA RUE DE L'UNIVERSITÉ, N° 127.

Voici un oratoire qui a une inscription. C'est une rareté archéologique.

L'endroit où s'élève la statue de la Vierge était, en 1529, un petit chemin qui conduisait à l'île des Cygnes.

Un poteau indicateur supportait la statue.

En 1639, l'Université ayant vendu les terrains voisins appelés *Pré aux Clercs,* on construisit là plusieurs maisons. Une rue se forma qui prit le nom de rue de la Vierge à cause de la statue.

En 1750, on construisit une chapelle à la place du poteau. Cette chapelle fut remplacée plus tard par l'église du Gros-Caillou. Mais la statue demeura au même endroit.

Ce n'est pas une œuvre d'art, sans doute, mais le morceau principal et qui intéresse le plus l'historien est l'inscription gravée dans la pierre qui sert de support à la statue. La voici :

De la Mère de Dieu
Contemple ici l'image;
Arrête-toi, passant !
Et rends-lui ton hommage.

La simplicité de cette inscription est une preuve de son antiquité.

XI

VIERGE DU BOULEVARD DE LA VILLETTE, N° 69.

Une statue de la Vierge, voilà qui est tout au moins étrange dans ce quartier assez neuf et pas très dévot. La pauvre statue est sur la porte d'un hôtel borgne.

Pourtant elle n'est pas prête à disparaître. Ses possesseurs y tiennent, elle a une vitre qui la ferme et la préserve de la poussière du boulevard.

Mais d'où vient-elle ? De la piété d'un propriétaire sans doute.

Au xvie siècle on venait de Saint-Laurent à cet endroit pour faire la bénédiction des champs, le jour des Rogations. Il fallait un oratoire pour but de la procession. Le propriétaire du quartier, le plus riche et le plus pieux, se chargea de la dépense.

C'est ce que l'on déduit de cette phrase de Dubreuil : La paroisse de Saint-Laurent faisait les Rogations au quartier de Ménilmontant.

XII

VIERGE DE LA RUE FAUBOURG-SAINT-MARTIN, N° 82

Encore une Vierge garantie par une porte vitrée, qui témoigne bien des soins dont on l'entoure.

A cette place il y avait, en 1650, un hôpital sous le vocable du Saint Nom de Jésus. Saint Vincent de Paul l'avait fondé pour ses petits protégés, mais la Vierge est bien plus ancienne. Car elle dominait, au xve siècle, la porte d'un monastère de Capucins. La statue représente une Vierge Mère avec son enfant divin. Très bien conservée, elle est bien vieillie par son encadrement et par les couleurs voyantes dont on l'a peinte. Nous pensons qu'elle est en bois, ce qui est un cachet de beauté peu ordinaire. On l'aime beaucoup dans le quartier.

XIII

VIERGE DE LA RUE SAINT-JACQUES, N° 193.

Derrière une grille en fer et un vitrage, on remarque une toute petite statuette de l'Immaculée.

Les sœurs Augustines, qui étaient établies à cette place jusqu'à la naissance de la rue Saint-Jacques, demandèrent l'autorisation de placer, en avant de leur maison, sur un poteau indicateur, la statue de la Vierge.

En 1590, la statue garde les religieuses de la Visitation qui ont remplacé les Augustines.

Aujourd'hui, ce sont les religieuses de Saint-Michel, habitant la maison agrandie et limitée par les rues Saint-Jacques et Guay-Lussac, qui soignent la statue placée à l'angle de ces deux rues.

XIV

VIERGE DE LA RUE SAINT-BLAISE, N° 21.

Tout à côté de l'église de Charonne, si vénérable par son ancienneté, est une belle grille très ouvragée qui enferme une riante madone. Son style sévère témoigne de son antiquité.

Elle est du XVI° siècle. Une niche, en forme de frontispice, encadre la statue, et donne à l'ensemble du petit oratoire un aspect plus grandiose.

Son origine est celle de beaucoup d'autres statues de la campagne parisienne.

En effet, à cet endroit se trouvait la limite de la commune de Charonne, et la Vierge avait été placée là pour faire mûrir les fruits de la plaine et briller les fleurs dès champs. Quand l'alignement d'une rue fut nécessaire, la statue fut conservée en façade sur l'immeuble construit à cet endroit.

Prions celle qu'on nomme le lis de la vallée de bénir comme autrefois les fruits de la terre.

XV

VIERGE DE LA RUE DE N.-D.-DE-RECOUVRANCE, N° 18.

Cette rue, qui jure de se trouver si près des grands boulevards animés et luxueux, alors qu'elle est toute noire, montante, étroite et peu éclairée, possède une Vierge qui donne son sein à l'Enfant-Jésus ; ces sortes de statues sont très rares. C'est la seule dans Paris.

Elle est en vieux marbre tout noirci par le temps, au haut d'un frontispice de porte ; elle a été placée là à l'époque de Henri IV.

Quelques années avant le règne de ce grand roi, on avait rasé tout ce qui se trouvait au haut de la rue pour y établir un camp militaire. Henri IV ordonna de rebâtir l'église et les maisons existant auparavant. De là, une rue qui prit le nom de Notre-Dame-de-Recouvrance, nom qui désignait le fait que nous rappelons. Une statue s'imposait à la dévotion des habitants et le temps l'a protégée jusqu'ici de tout outrage.

XVI

VIERGE DE LA RUE SAINT-GILLES, N° 2.

C'est contre le mur d'une caserne de soldats que repose, dans un encadrement de pierre très joliment sculpté, la Madone des Minimes. Ces religieux qui avaient bâti leur monastère à cet endroit, en 1600, y avaient placé la statue dont nous parlons.

C'est une Vierge-Mère qui porte sur son bras gauche le béni Jésus. Elle est couronnée et son divin Enfant étend sa main potelée sur le monde.

La statue est très grande et a échappé aux fureurs de la Révolution par des prodiges de ruse pieuse.

XVII

VIERGE DE LA RUE DE CHARONNE, N° 14.

La Vierge qui repose là, à la hauteur du premier étage, est une merveille de sculpture. Elle est drapée tout le long de son corps virginal d'un manteau bien ciselé. La niche est festonnée. La grille, qui défend le tout des insultes des méchants, comporte un dessin très bien compris.

En l'année 1600, les Filles de Dieu avaient là leur maison hospitalière. La Vierge est de cette époque si elle n'est pas plus antique. Ces saintes religieuses avaient-elles déjà sur un de leurs monastères cette image bénie de la Mère de Dieu? Nous n'avons pu le constater avec certitude.

Elle domine la rue, et les portes de deux immeubles. Qu'elle nous garde des portes de l'enfer !

XVIII

VIERGE DE LA RUE SAINT-JACQUES, N° 332.

C'est la seconde de cette rue. Elle est la plus grande des statues en façade, quoique quelque peu mutilée. Cette statue est dans une niche, la tête couverte, à la mode des religieuses de l'époque, d'un manteau ou voile qui couvre ensuite le corps tout entier.

Son érection date de 1604. La propriétaire actuelle, Mlle Denoyelle, garde avec un soin jaloux cette relique de la piété de nos pères.

Que Dieu lui confère longtemps encore cette garde d'honneur !

XIX

VIERGE DE LA RUE DU CHERCHE-MIDI, N° 85.

Il y en a deux dans cette rue. Celle qui nous occupe date de 1634, époque où fut construit le prieuré de Notre-Dame de *Consolation*.

En l'an VI de la République, le prieuré fut vendu par lots. La statue, disparue pendant les années de la Terreur, fut replacée sur la façade de l'immeuble bâti sur l'emplacement du prieuré.

Nous tenons ces détails du propriétaire actuel de la maison.

La statue est assez mignonne. C'est une Vierge-Mère. Le petit oratoire est bien conservé et son aspect plaît beaucoup. Que Marie console ceux qui la saluent, en passant sous sa statue, des peines de la vie présente, puisqu'elle fut toujours la CONSOLATRICE des affligés.

XX

VIERGE DE LA RUE DE SÈVRES, N° 41.

A l'angle de la rue Saint-Placide et de la rue de Sèvres, sur un modeste trône, une madone en pierre paraît regarder avec un sourire très artistique la foule tumultueuse qui envahit à certaines heures les vastes magasins du Bon Marché.

La statue date de 1644. Elle fut cachée pendant la Terreur et replacée sur son piédestal l'an 1805.

C'est une des rares madones qui ont encore leur fête annuelle. Le 15 Août, un petit feu d'artifice est tiré aux frais des voisins heureux de fêter la Vierge Marie qui trône à l'angle de ces deux rues si commerçantes.

Qui voudrait dire qu'on n'aime pas comme autrefois la Vierge, l'immaculée Vierge Marie?

XXI

VIERGE DE LA RUE DE BAGNOLET, N° 24.

En 1648, il y avait là un monastère de sœurs Bénédictines.

La statue, enclavée dans la muraille, ne date cependant pas de cette époque puisque « c'est le grand-père de ma mère, nous dit la propriétaire actuelle, âgée de 81 ans, qui a élevé la statue sur la façade de l'immeuble bâti à la place du monastère ».

Cette madone est toute mignonne et très bien conservée. Au commencement du siècle, les processions s'arrêtaient devant elle pour la saluer d'un chant pieux. Aujourd'hui, elle est presque invisible tant elle est protégée, mais de la maison qu'elle garde on lui adresse toujours les meilleures prières.

XXII

VIERGE DE LA RUE PUITS-DE-L'ERMITE, N° 11.

En 1665, Madame de Miramon ouvrit à cet endroit une maison pour les filles repenties.

La maison fut ornée de la petite statue de la Vierge qu'on voit encore aujourd'hui. C'est une Immaculée dans une niche très jolie et soignée avec beaucoup de goût.

Elle est bien à sa place, cette Vierge, dans ce quartier déjà si triste, et dont la prison, qui en est le monument principal, vous glace le cœur de pitié. Qu'elle ait pitié des prisonniers et leur donne la patience qui fait supporter les maux de la vie avec résignation !

XXIII

VIERGE DE LA RUE DU CHERCHE-MIDI, N° 103.

C'est la seconde de la rue que nous rencontrons ; elle date de 1666, époque où fut érigée, sous le vocable de l'Immaculée-Conception, l'église des Prémontrés.

Elle est si mignonne que la Révolution passa sous son regard sans la briser. Ses iconoclastes ont dû être épouvantés des rayons de grâces qui s'échappent de ses mains ouvertes pour bénir les passants.

Aujourd'hui on la vénère beaucoup sous le nom de *Bonne Mère,* et les soins pour sa conservation sont incessants.

Ainsi, Marie apparait à tous les points cardinaux, le matin, au midi et le soir, vénérée et aimée, au milieu de la Babylone moderne, comme elle le sera toujours, nous en avons le ferme espoir.

XXIV

VIERGE DE LA RUE DUPIN, N° 13.

C'est la quatrième statue de la Vierge que nous rencontrons dans ces parages du Bon Marché. Elle date de 1661.

Cette statue a été badigeonnée comme l'ensemble du mur dans lequel elle est nichée. Ce qui lui enlève tout cachet artistique. C'est la Vierge Immaculée érigée par les Prémontrés qui aiment Marie sous ce vocable. Elle a beaucoup de ressemblance avec celle de la rue du Cherche-Midi dont elle est la sœur.

XXV

VIERGE DE LA RUE DU MAINE, N° 14.

Beaucoup de Parisiens ignorent cette petite rue, où le duc du Maine, fils de Louis XIV, avait fait bâtir son château. Le château fut orné d'une statue de la Vierge. Celle-ci, malgré les outrages du temps, fait encore bonne mine dans sa niche en bois, souvent renouvelée depuis son érection. L'Enfant-Jésus, qui est porté sur le bras de la Vierge, sans vêtement, est plus mutilé que sa mère, drapée d'un grand manteau tout le long du corps.

C'est une statue qui est bien soignée, on y renouvelle de temps en temps les fleurs qui parent sa niche.

Ainsi donc le château a disparu ; son propriétaire, comme la royauté qu'il représentait, n'existent plus, mais la reine du ciel et de la terre a, quoiqu'il soit en planches, gardé son trône au milieu de la rue.

Que le règne de Marie soit éternel ici-bas !

XXVI

VIERGE DE LA RUE DE TURENNE, N° 78.

Voici la statue qui, la première, frappa nos yeux et nous apparut comme dans une vision. Elle est coquettement sculptée et sa niche en bois artistement décorée.

C'est une Vierge Immaculée, très haute et bien drapée. Elle date de 1689 et représente Notre-Dame des Victoires comme beaucoup de Vierges du temps de Louis XIV.

A cet endroit habitait, en 1639, le grand Turenne, et c'est par respect sans doute pour la mémoire du vainqueur des Dunes que la Révolution épargna la Madone, très en relief pourtant, à l'angle des deux rues.

Le temps qui l'a noircie affreusement s'est fait le garant de son ancienneté, mais ne lui a pas enlevé sa beauté. Elle apparait dans cette rue très mouvementée, comme le lis apparait dans une plaine de la campagne au milieu des blés qui s'agitent et qu'un brouillard intense a sali.

Nous aimons beaucoup cette Vierge et pour traduire notre amour envers Marie nous l'avons saluée la Vierge de toutes grâces.

XXVII

VIERGE DE LA RUE DE CHARENTON, N° 227.

Il y avait trois statues de la Sainte Vierge dans cette rue. Il en reste encore deux. La première, celle dont nous nous occupons ici, fut, en 1640, érigée par les Filles anglaises de la Conception qui avaient là leur jardin tandis que leur monastère était plus loin du côté de Reuilly.

La statue, qui ne manque pas d'un certain mouvement artistique, a été abîmée, comme celle de la rue Dupin, par un ignoble badigeonnage de couleur terre de Sienne comme la façade de l'immeuble où elle est placée.

Mais le propriétaire actuel nous a avoué qu'il avait pensé bien faire en montrant qu'il soignait sa statue autant que sa façade.

Beati pauperes spiritu.

XXVIII

VIERGE DE LA RUE DE BERCY, N° 235.

Cette mignonne Vierge-Mère très bien conservée, « elles le sont surtout quand elles dominent une boutique de boulanger », rappelle une petite chapelle bâtie à l'époque où les églises de Saint-Paul et de Charenton étaient trop étroites pour le nombre des fidèles qui formaient déjà le grand village de Bercy (1650).

Hélas! que le temps est un démolisseur terrible, mais combien plus encore la main des hommes! Tout a été abattu de ce village ou presque tout; seule la Vierge rappelle et la chapelle et le village disparus. Elle est placée pour demeurer encore de longs siècles, et bien soignée par son propriétaire qui l'a entourée d'une belle grille et l'enjolive de fleurs souvent renouvelées.

XXIX

VIERGE DE LA RUE DES LOMBARDS, N° 13.

C'est la plus riche de toutes les statues en façade par son ornementation.

Elle est du commencement de l'Empire. Mais depuis Louis XIV, il y a eu à cet endroit une statue de la Vierge.

Un des favoris du roi, descendant des Lombards qui avaient leurs comptoirs en cette rue, avait fait placer, pour rappeler les grandes victoires du Roi-Soleil, Notre-Dame des Victoires sur son immeuble.

Après la statue, dégradée par le temps, on avait placé un tableau qui représentait la Vierge victorieuse du péché.

Au commencement de ce siècle, une nouvelle statue prit la place du tableau. Elle fut transportée en 1847 à l'orphelinat de Saint-Philippe-de-Néry à Saint-Maurice.

En 1852, la niche recevait la statue actuelle.

Et tous les ans, son propriétaire renouvelle la décoration. Aussi, la statue paraît sortie d'hier à peine des mains du facteur.

XXX

VIERGE DE LA RUE DE CHARENTON, N° 315.

Son histoire est toute fraîche et charmante, puisque c'est l'histoire d'une Marguerite.

Un jour de l'année 1745, deux amies s'entendirent pour placer une statue de la Vierge sur la façade de leur immeuble. La première de ces statues fut élevée au coin de la rue Nicolaï, elle a disparu depuis 1895. Mais la seconde demeure. Celle qui l'érigea s'appelait Marguerite. Elle crut pouvoir invoquer sa patronne sous les traits de la Vierge et c'est pourquoi on lit encore cette inscription qu'elle fit graver elle-même.

Sainte MARGUERITTE
prié (sic) *pour nous*
1745.

Nous avons recueilli de la veuve Baratier, petite-fille de Mme Buis, notre Marguerite, les détails que nous donnons ici. Comme la fleur des prés, la marguerite, Marie est toujours bien parée et l'on sent le parfum de la piété s'exhaler de ce petit oratoire.

XXXI

VIERGE DE LA RUE COMPANS, N° 40.

Voilà une statue respectée par-dessus toutes les autres. De belles fleurs souvent renouvelées ; des cierges allumés le samedi ; une niche constellée d'étoiles et toute fraiche dans sa riche peinture, telles sont les marques de la vénération de son propriétaire.

En 1760, il y avait à cette place un hôtel-remise où se reposaient les maraîchers qui apportaient leurs provisions au marché tenu là le dimanche et remisaient leur monture. Or, cet hôtel avait sur sa façade principale la statue de la Vierge dont nous parlons. Un fait remarquable entre mille, c'est que, préservée des ruines de la Révolution, elle a préservé à son tour le quartier qui l'environne des balles et des obus qui causèrent tout à côté d'elle de grands ravages, en 1871.

Aussi on l'aime beaucoup la *Vierge secourable*.

XXXII

BAS-RELIEF DE LA RUE FAUBOURG-MONTMARTRE, Nº 21.

Nous sommes ici en face de l'inconnu d'après tous les auteurs, qui, ne parlant jamais des statues religieuses, veulent bien s'occuper de ce bas-relief. M. Lefeubve dit : « L'immeuble du nº 21 de la rue Faubourg-Montmartre appartient à M. Vallé, architecte; il est *historié* d'un bas-relief qui pour la plupart des chercheurs se pose en énigme. » Lefeuve a-t-il raison?

M. Vitu dans son beau livre : *Paris*, remarque qu'à cet endroit existait en 1720 un hôtel construit par le sieur Delaage, fermier général du roi, ayant une terrasse qui avait vue sur le carrefour Montmartre.

Cette indication nous a mis sur la voie de l'explication de l'énigme.

Il est attesté, dans les annales des congrégations religieuses, que ce M. Delaage avait une fille qui fut abbesse des religieuses de l'Annonciade et propriétaire même du couvent où elle vivait avec ses sœurs en 1750.

Après la Révolution, l'héritier de la famille Delaage ayant fait réparer l'immeuble du n° 21 y scella ce médaillon qui faisait partie des objets d'art du couvent.

S'il est très richement sculpté ce bas-relief et très apparent, il est surtout original et son originalité lui donne une très haute antiquité.

Nous ne serions pas étonné qu'il fût du xive siècle, époque de foi naïve où le mystère était représenté dans toute sa rigueur théologique. En effet, à cette scène si connue de la visite de l'archange Gabriel à Marie, le Père éternel préside revêtu d'un costume de grand-prêtre avec l'éphod sur la poitrine et la tiare sur la tête. L'ange est à droite du tableau et la Vierge debout devant un prie-Dieu. Un arbre forme le fond du bas-relief.

Tout cela est sculpté avec une habileté remarquable et digne du ciseau d'un grand maître.

Ce bas-relief mériterait sans doute une meilleure place. Car à cet endroit le plus profane de la cité peut-être, bien peu de passants le connaissent et il mérite plus que le regard du piéton, il mérite son admiration.

Il est loin le temps où, dans les grandes processions partant de Saint-Eustache pour aller à Montmartre, on s'arrêtait pour faire là ce qu'on appelait *statio ad Mariam;* cela se passait au vi^e siècle.

XXXIII

BAS-RELIEF DE LA RUE SAINT-MARTIN, N° 89.

Nous sommes ici de nouveau en face d'une énigme sur laquelle nous ne pouvons pas nous expliquer, comme pour le précédent bas-relief, d'une manière catégorique.

Les historiens des rues qualifient cette maison du nom de maison de l'Annonciation,

comme c'est écrit dans le médaillon. M. Lefeubve dit : Le n° 89 de la rue Saint-Martin
nous montre un bas-relief, à côté d'une rue
du xiii° siècle, élargie çà et là en 1822. L'immeuble provient évidemment d'un des Ordres
religieux et militaires institués en l'honneur du mystère de l'Annonciation et proba-
blement des *Servites*, autrement dit *Blancs
Manteaux*, Ordre aboli en France sous
Louis IX. Ce qui donnerait au bas-relief une
antiquité très respectable. Au point de vue
de l'art il n'a pas la beauté et la richesse
sculpturale du précédent. La scène est réa-
lisée dans un style plus moderne. C'est pourtant avec l'arbre de Jessé les deux grands
joyaux de la rue Saint-Martin et de la rue
Saint-Denis.

Ce que nous venons de dire sur ce bas-
relief aurait quelque rapport avec ce que
nous dit Sauval dans ses antiquités de Paris.
Les religieux et abbés de Clairvaux avaient
en cet endroit une maison ou monastère
qu'ils cédèrent aux religieuses de Ruigny.
L'existence des religieux de Clairveaux à ce
coin de la rue Saint-Martin nous est prou-

vée par la dénomination de la rue à côté, qui s'est appelée longtemps rue de Clair-veaux.

ÉPILOGUE

Depuis que ce travail a été commencé, deux statues ont disparu.

Celles qui ont été érigées depuis le commencement du siècle sont :

1° La statue de la rue de Babylone en 1815.

2° La statue de la rue Duguay-Trouin en 1849.

3° La statue de la rue du Vieux-Colombier en 1859.

4° La statue du boulevard Saint-Michel en 1861.

5° La statue de la place des Petits-Pères en 1871.

Il y a enfin, boulevard Malesherbes, et coin de la rue Boissy-d'Anglas, une peinture représentant l'Immaculée-Conception.

LA CHAPELLE-MONTLIGEON. — Imp. de N.-D. de Montligeon.